AF237153

MAIK HARMSEN

Weißheiten von Onkel Erwin

Maik Harmsen

Weißheiten von Onkel Erwin

Allerlei Erdachtes mit vielfältig Ausgedachten.

Bibliografische Information der Deutschen Nationalbibliothek: Die
Deutsche Nationalbibliothek verzeichnet diese Publikation in der
Deutschen Nationalbibliografie; detaillierte bibliografische Daten
sind im Internet über dnb.dnb.de abrufbar.

1. Auflage
Copyright©Dezember 2020
Maik Harmsen
Coverfotos: Clker-Free-Vector-Images, Robert Armstrong /Pixabay
Erdichtetes von Erwin Weiß
Herstellung und Verlag

BoD-Books on Demand, Norderstedt
ISBN 9783751981439

Alle Weisen dieser Welt

schenkten uns viele

gute Gedanken!

Und wir sollten

lernen und erkennen

und immer wieder danken!

Habe keine Angst

dein Herz zu teilen,

auch wenn es dauert

es kommt zurück!

Den Gedanken schmückt, was den Empfangenden beglückt.

Abu Mohammed KasimIbn Ali

In Ehrfurcht vor der Natur

und dem Leben,

für mich ist jeder Grashalm

eine Kathedrale!

Fange jetzt

zu leben an

und zähle jeden Tag

als ein Leben

für sich.

Seneca

Da wir nur eine Mutter Erde haben,

sollten wir auf ihr

gut und redlich leben.

Und sie wird es uns,

für alle Zeiten

gut und reichlich wiedergeben!

Für versäumte

gute Taten

gibt es keine

Wiederkehr.

Hafis

Wir gehören zu den Leuten

die den Kosmos hinterfragen,

denn jede Kleinigkeit Natur

hat uns vielerlei zu sagen.

Mutter Natur hat mit Bedacht

und Erfahrung das gemacht.

Wir Menschlein sollten dankbar sein,

dass wir auf unsrer Mutter Erde leben
können,

anstatt mit so vielem Unverstand unsre

Zukunft

zu verbrennen!

(Persönliche Ansicht zu den Freitagsdemos von Schülern. Die augenblicklich in Mode sind. Schämen sich die Verantwortlichen nicht, dass es soweit kam?)

Glaube an

dein Glück,

so wirst du

es erlangen.

Ali ibn Abi Talib

Es regnet draußen,

das ist nicht schlimm,

kommst doch der Natur zugute.

Es beflügelt aber unverzüglich,

unseren Sinn,

in unsrem Frühlingsmute!

Das Lächeln

das du aussendest,

kehrt zu dir

zurück.

Indisches Sprichwort

Welcher Anlass?

Manches ist so leicht gesagt,

einiges so schwer erfragt,

um unsre Tage nicht zu trüben,

ist es euch womöglich besser,

uns in Achtsamkeit zu üben.

Lebe in der

Gegenwart,

um für die

Zukunft

bereit

zu sein.

Charles Kingsley

Erst wenn sich das Dunkel wandelt

und die Gedanken sind erhellt,

siehst Du, wie die Samen wandern

und sich verteilen in der Welt!

Der Mensch

stolpert mehr

über seine Zunge,

als über seine Füße.

Mohammed

Selbsterkenntnis – ebenda!

Dieses Bürschlein, der Alte, der mit dem

kaputten Bein hat Begabungen,

auch in Mengen,

welche sich, so nach und nach an das

Licht des Tages

drängen!

Der konnte mehr wie Brötchen essen,

und er wollt es nicht allein,

gute Gedanken,

kein Vergessen,

den Herzen,

recht viel Sonnenschein!

Nichts in der Welt

ist schwierig,

es sind nur

unsere Gedanken,

welche den Dingen

diesen Anschein geben.

Orientalisches Sprichwort

Für die Gläubigen!

Der liebe Gott

mein lieber Freund

sind doch wir

letztendlich selber.

Und wenn nicht?

Sind wir vieleicht

des bösen Teufels

dumme Kälber?

Nur der Unwissende

wird böse.

Der Weise versteht.

Indisches Sprichwort

Wenn mich die Gedanken plagen

kommen Fragen über Fragen,

Antworten?

Nicht immer leicht,

wie der Alltag

es uns zeigt!

Wer die Welt

nicht leicht nimmt,

den macht sie

Schwierigkeiten.

Hafis

Wirft man Perlen vor die Säue,

sieh, die Perlen die sind hin.

Und die Schweine steh´n daneben,

seh´n in der Sache

keinen Sinn!

Die Welt

gehört dem,

der handelt.

Arabisches Sprichwort

Manches Mädel sieht betrübt,

das der Kerl zwar quatschen kann,

dafür aber wenig liebt.

Was dann?

Mancher Herr erkennt bestürzt

warum hab ich nicht verhindert,

dass die Schönheit auf zwei Beinen

hintenrum mein Konto plündert.

Alles Schon mal dagewesen!

Das Bessere aber ebenfalls!

Stimmts?

Jede dunkle

Nacht hat

ein helles Ende.

Nezämi

Medizin für alle Rüpel mit und
rotbraunen Anstrich:

Ein kräftiger Tritt
in den Allerwertesten
so sollte man es meinen,
tät ihnen wohl,
doch wo man sucht,
da hat er keinen.

Ein ganz klein

wenig Süßes

kann viel Bitteres

verschwinden

machen.

Francesco Petrarca

Im Bewusstsein früherer Tage,

mancher auch recht flotten,

müssen wir uns im Alter,

auch täglich,

neu zusammen rotten.

Was der Sonnenschein

für die Blumen ist.

Das sind lachende

Gesichter

für die Menschen.

Joseph Addison

Ich hätte Minister werden können,

aber keiner hat mich so gewollt.

Warum?

Mit Gipsbein und mit Stützen könne man
dem Parlament wohl wenig nützen!

Später?

Ja!

Lebenslange Dankbarkeit an jeden der
uns geholfen hat, so alt zu werden.

Der verlorenste

aller Tage ist der,

an dem man nicht

gelacht hat.

Nicolas Chamfort

Naht nach vielen Jahrestagen
auch das Jahresende,
und der Wintersonnenschein
meidet das Gelände,
danken wir ein bisschen noch.
Was wir tun und taten
zieh´n die richt´gen Schlüsse draus,
und wird dann für das,
was kommt,
immer sehrgut
beraten!

Genieße die Augenblicke des Glücks, denn sie sind vergänglich.

Buddistische Weisheit

Kurzbetrachtung zum Mauerfall 1989.

Im nachhinein, lapidare Erkenntnis!

Der Häuptling, der da oben saß,

stürzte hinab von seinem Throne,

und wie er ganz verschwunden war,

ging es weiter ohne ihn, ganz ohne.

Die Leutchen da vom runden Tisch,

hofften auf ein gutes Morgen,

die neuen Tage kamen,

auch gleich mit,

die neuen Sorgen!

Fazit: Diktatur – braun oder rot – bleibt

Diktatur – ein für alle Mal!

Aber! Auch die – vom Kapital!

Unser Körper

ist die Harfe

unserer Seele.

Khalil Gibran

Zum Fall der Sowjetunion:

Der große Bruder ging zu Boden,

dem Balg entwich die rote Luft.

Und in den Ländern westlich seines

Reiches,

ist sie ebenfalls verpufft!

Einfach Tod gerüstet!

Wenn jemand Gutes von dir denkt, dann bemühe dich, dass er recht hat.

Abu I-Hasan ´Ali ibn Abi Talib

Hier, in dieser Disziplin

da gibt es keine Noten.

Doch täglich

schickt die Wahrheit uns

ja ihre treuen Boten!

Jede Lüge,

ist in jedem Fall für uns,

ein Stück Verderben!

Kämpfen wir dagegen an

ehe wir ehrlos und ohne Anstand

geh´n und sterben!

Wir bringen uns´ren Kindern bei,

sich danach zu richten.

Friedlich leben

ohne Streit, sie sparen Versöhnung

und auch Zeit.

Außerdem das ew´ge Schlichten!

Frieden ist ein hohes Gut,

man muss ihn stets bewahren.

Das zeigt uns sehr

die Menschenzeit

nach vielen tausend Jahren!

Den, der strauchelt,

stütz!

Er stützt vielleicht

dich einst,

wo dir vor Gericht

die Knie zittern.

Abu Mohammed Kasim Ibn Ali

Abertausende von Menschen sind gut,
nur sie trau´n sich nichts zu.

Wer Freunde

ohne Fehler sucht,

bleibt

ohne Freund.

Unsur al-Maali Kai-Kawus ibn Iskandar ibn Qabus

„Der Krieg" sprach einst

Herr Wallenstein

„ernährt sich von allein!"

Doch heute,

nach ein paar Sekunden,

ist diese Weisheit

ein für alle Mal

von uns´rem Erdenball

verschwunden!

Eine gute Tat

ist die, die

auf dem Antlitz

des anderen

ein Lächeln

erscheinen läßt.

Mohammed

Poem gegen den Krieg:

Das Frühjahr 1944 war eine schlimme Zeit! Hans Reich´s Vater war noch Soldat!

Getreulich seinem Fahneneid musste er

nochmal in den Krieg!

Wohl wissend, dafür gibt es keinen Sieg!

Eine Granate zerstörte sein Gesicht.

Schmerzvoll sicher die letzten Tage,

die fünfte Woche, überlebte er nicht!

Sein letztes ein Soldatengrab wie für

viele andere Millionen!

Und wir sollten es niemals vergessen,

wie wir doch, im hier und jetzt,

in unsrem Frieden wohnen!

Mut steht

am Anfang

des Handelns,

Glück am Ende.

Demokrit

Liest du viele Dinge

und Erfahrung stellt sich ein,

weitet sich der Horizont

und alle neuen Taten,

werden aufs Neue,

stets nützlich sein.

Besser ein Irrtum,

der dich beglückt,

als eine Wahrheit,

die dich niederdrückt.

Saadi

Was macht der Affe mit der Brille?

Auf seinem wandeln durch das Land,

die Sonne schien auf all seinen Wegen.

Kam ihm, eh er was fand,

das Abenteuer schon entgegen!

So liegt es da,

glänzt im Licht.

Doch, was ist es?

Das weiß er nicht!

Er nimmt es letztendlich in die Hand,

beäugt die Sache, die er fand.

Dreht sie hin und her,

von oben und von unten,

doch die Erkenntnis hatte er,

bei allen Mühen nicht gefunden!

Schließlich packt ihn der Verdruss,

kein Wunder, was da kommen muss!

Dann, unter wüstem toben,

schlug er sie gegen einen Stein!

Die Funken stoben,

die Brille, die war kurz und klein!

Und die Moral von der Geschichte:

Der Ignorant missachtet stets Belehrung,

und wenn zur Dummheit

sich noch Macht gesellt,

scheut er kein Mittel

der Zerstörung!

(Freie Interpretation auf Iwan Krylow´s Buchtitel: Der Affe
und die Brillen)

Vom Erhabenen

zum Lächerlichen

ist es nur ein Schritt!

Napoleon Bonaparte

Der liebe Gott,

so wird gesagt, der einst,

das Menschenbild erstellte,

formte es aus einem Erdenkloß.

Wie er damit fertig war,

zum Glück,

mit etwas Geist erhellte!

Das, was man alles erreichen kann,

das hat der Mensch bewiesen.

Zwerge entstanden vielerorts,

aber ebenfalls – viele Riesen!

Mutter Erde – groß und rund – weiß

nicht was Krank ist oder gesund?

In Schulen belehrt man unsere Kinder

mit vielem und so vielerlei!

Mancher Wahrheit geht man aus dem
Wege,

sie ist einfach nicht dabei!

Zum Totschlag braucht man nur eine
Keule,

begreift man aber ebenso geschwind,

dass da, im Hintergrunde,

zehn andere noch vorhanden sind!

Er lernte, Atome zu zerspalten,

vermochte aber keinen Frieden zu
erhalten.

Mutter Erde ist es gleich,

was die Menschen treiben.

Denn sie wird zum Schluss,

immer übrig bleiben!

Ein mit Weisheit

geschmücktes Herz

gleicht einem

reichen Schatz.

Abu l-Qäsem-e Ferdousi

Kleine Andacht:

Der Himmel der ist über dir
und ebenso die vielen Sterne,
doch was dahinter liegt,
das wüsstest du sehr gerne.
Tagtäglich aber wird
Weltraumverschmutzung
im Kleinen wie im Großen,
die Helligkeit verletzt
und gegen jegliche
Vernunft verstoßen!

Freundschaft ist wie eine Spur,

die im Sand verschwindet,

wenn man sie nicht

beständig erneuert.

Aus Afrika

Wie ick um die Ecke komme,

ei der Daus, wat ick da sehe!

Uns´ren lieben Mester in drei Meter

Höhe!

Immer fleißig, wie ne´ Biene.

In der einen Hand den Leiterholm,

in der and´ren die Bohrmaschine.

Ick erholt mich vom erschrecken,

und erkenne schnell,

eine Plane soll mal ein Boot bedecken,

durch das hohe Stahlgestell!

Wirklich gute Freunde

sind Menschen,

die uns ganz genau

kennen und

trotzdem zu

uns halten.

Marie von Ebner-Eschenbach